HENRI THIERS

AU BORD DU NIL

ISIS ET OSIRIS

FRAGMENT DE L'HISTOIRE PRIMITIVE

EXTRAIT DE LA *REVUE DE FRANCE*

PARIS
IMPRIMERIE TYPOGRAPHIQUE DE A. POUGIN
13, QUAI VOLTAIRE, 13

1876

AU BORD DU NIL

ISIS ET OSIRIS

FRAGMENT DE L'HISTOIRE PRIMITIVE

Une visite au Bosphore ou aux Pyramides est, de nos jours, à la portée de tout le monde. Deux mois suffisent pour traverser la Méditerranée, voir les bords du Nil, évoquer, à Thèbes, les souvenirs pharaoniques, saluer, au Caire, la civilisation musulmane ou ce qui en reste, s'emplir les yeux de tous les enchantements de la couleur et de la lumière. Aussi les relations de ces faciles voyages ont-elles rarement le don d'intéresser le lecteur. On lui a dit ces choses dans tous les styles. La peinture a vulgarisé les sites, les types, voire le soleil de l'Orient. Il semble qu'il n'y ait plus rien à connaître de ces splendides contrées. Jamais cependant les apparences n'ont été si trompeuses. On a généralement, en France, sur l'Égypte moderne, des données bien incomplètes ; mais, sauf quelques érudits, personne n'y connaît l'Égypte des premiers temps. Cette ignorance n'a rien d'ailleurs qui puisse surprendre. La révélation de ce monde antique date à peine d'un demi-siècle. Champollion le jeune, en découvrant le système de l'écriture hiéroglyphique, a rendu la parole à ces « pierres éternelles, » témoins muets, avant lui, du plus merveilleux passé.

Dans ce voyage à travers les ruines, les exégètes qu'il faut suivre, ce sont donc les continuateurs de Champollion : Biot, Letronne, Lenormand, de Rougé, Chabas, pour ne citer que les maîtres de l'érudition française. Il faut accompagner Mariette-Bey dans les palais et les temples qu'il a découverts et déblayés, lui demander l'histoire des monuments qu'il a conquis sur le désert, et l'explication des inappréciables richesses archéologiques réunies par ses soins dans le musée de Boulâq. C'est à ce point de vue que je propose au lecteur de me suivre sur les bords du Nil.

I

Supposons un instant que la vue puisse embrasser une étendue de deux cents lieues ; l'Égypte apparaîtrait, au milieu d'un océan de sables, comme une longue oasis. Un double ruban de verdure suit le cours des eaux limoneuses. A droite et à gauche, se développent des collines nues, stériles, grès et calcaire aux tons criards. Les deux chaînes vont en s'abaissant vers le nord ; elles se soudent, au midi, à un massif granitique qui constitue, à Syène, la porte de l'Égypte sur la Nubie et la dernière cataracte que le Nil franchisse. A partir de ce point, aucun affluent n'alimente le fleuve ; il suit, avec une tendance à l'ouest, son cours majestueux et solitaire vers la Méditerranée. La terre végétale atteint à peine le pied des monts chauves ; parfois elle ne s'étend guère qu'à une demi-lieue des berges. Vers le Fayoum et l'ancien lac de Mœris, la vallée s'évase cependant ; mais bientôt elle se resserre encore, jusqu'à ce que, au delà du Caire, les eaux se divisent et créent ce vaste jardin, le Delta, qui s'arrondit en éventail vers la mer.

Ce pays est superbe, doux et terrible. La nature y saisit d'abord le voyageur. Tout lui paraît nouveau, étrange. Il reçoit la même impression s'il observe les mœurs des riverains du Nil ; mais son étonnement n'a plus de bornes quand, mettant à profit les découvertes réalisées depuis le commencement de ce siècle, il interroge, sur le passé de l'Égypte, les ruines qui jonchent le sol. C'est alors qu'il reconnaît l'exactitude de cette observation d'Hérodote : « Les Égyptiens vivent sous un ciel à eux propre ; leur contrée est arrosée par un fleuve qui diffère de tous les autres fleuves ; enfin, ils ont établi des coutumes et des lois opposées, pour la plupart, à celles du reste des humains. »

En même temps qu'on est impressionné par la singularité du paysage, quelque chose d'indéfinissable, comme mêlé à l'air qu'on respire, vous pénètre, et, par une action lente mais implacable, agit sur vos facultés. Cette tiède atmosphère énerve l'esprit. Ces vastes plaines du Delta, verdoyantes et gracieuses, mais d'une accablante monotonie, jettent l'âme dans une sorte d'engourdissement placide qui n'est ni la mélancolie ni l'ennui et qu'on ne peut décrire. Un ciel bleu, éclatant, sans nuages ; un air chaud qui porte aux rêves du demi-sommeil ; une terre si féconde qu'elle donne, presque sans travail, jusqu'à trois récoltes dans l'année ; un fleuve béni, créateur, une providence : voilà l'Égypte. Le désert mouvant et aride s'agite sur ses flancs ; mais l'oasis a le Nil et se rit du désert. Nature charmante, merveilleuse ! Son souvenir reste à jamais vivant dans l'imagination du voyageur. Il n'en reçoit pas cependant une impression unique. Aucune contrée ne subit plus de métamorphoses, ne revêt des aspects plus divers. Est-ce un Éden de fertilité et de fraîcheur ? Un désert aride et brûlant ? Une mer émaillée d'îles et semée de barques ? La vallée offre, tour à tour, ces différents spectacles, elle passe par ces transformations bien caractérisées.

Tandis que l'hiver blanchit les campagnes de notre Europe, le sol déploie ici un luxe magnifique de végétation. Des rivages de la mer Méditerranée au-delà de la première cataracte du Nil, l'Égypte n'est qu'une immense prairie. Tout croît avec une activité prodigieuse. Les moissons lèvent et grandissent. Les fleurs abondent. Les fruits font ployer les branches. Une sève créatrice circule dans le limon humide. L'automne hâtive suit ce printemps précoce ; à la verdure succèdent les jaunes épis et les productions variées de cette inépuisable terre.

Bientôt l'aspect général change. Le sol se dessèche. Les champs, brûlés par le soleil, se crevassent. Le limon devient grisâtre, et, réduit en fine poussière, se disperse à tous les vents. Les chameaux, les buffles altérés, haletants, ne trouvent plus qu'une pâture insuffisante et, de leurs narines dilatées, cherchent, dans l'air embrasé, les traces des courants qui viennent du Nil. Les eaux du fleuve baissent de plus en plus. Le soleil devient terrible. Ce n'est plus une lumière qui éclaire ; c'est une splendeur qui aveugle. Ce n'est plus la chaleur qui vivifie ; c'est la flamme qui dévore.

Quelquefois l'astre se lève, éclatant, dans l'azur d'une teinte chaude. Soudain son disque s'obscurcit. Un épais brouillard roussâtre se répand dans l'atmosphère ardente. Le globe solaire, sans rayons, rouge comme braise, monte à l'horizon. On respire de la flamme. Une poussière subtile vous pénètre, vous suffoque. Le plus grand calme règne dans l'air. Il semble que la nature soit dans l'attente d'un phénomène effrayant. Le Nil s'agite sans cause apparente ; il devient tumultueux comme si ses flots étaient remués par une force mystérieuse. Tout à coup, un vent furibond se déchaîne. Les arbres ploient. La rafale courbe jusqu'au sol les hautes tiges des palmiers. On vit dans une fournaise. Le brouillard fauve, pour être ardent, n'en fait pas moins régner, autour de vous, un éblouissement sinistre qui ressemble aux ténèbres. Dans le voisinage du désert, le sable est soulevé en trombes énormes qui se dressent en tournoyant dans l'espace ; tantôt elles restent immobiles, tantôt elles s'allongent, comme de gigantesques reptiles dans l'immensité des plaines. Ce vent terrible, c'est le khamsin, ainsi nommé parce qu'il se manifeste, à intervalles plus ou moins longs, pendant une période de cinquante jours [1].

Nouvelle métamorphose. Accru dans ses sources lointaines, le Nil peu à peu s'élève. Il sort enfin de son lit et couvre les champs de ses flots limoneux. L'Égypte prend alors l'aspect d'une mer semée de villages ; des barques pavoisées vont de l'un à l'autre, établissant des communications joyeuses entre ces îles éphémères. Les eaux séjournent ainsi quelque temps sur la terre desséchée, apportant, avec le principe humide qui féconde, une épaisse couche de limon qui tient lieu de tout engrais.

Le paysage se modifie encore. Le Nil abandonne la campagne transformée en vastes marais. Le fellah [2] confie à la terre les diverses semences, et l'Égypte entre dans son merveilleux printemps.

On voit que trois voyageurs pourraient faire de la vallée trois descriptions différentes et également exactes. Ce qu'il y a de plus remarquable dans ces phénomènes, c'est la ponctualité avec laquelle ils se produisent. Non-seulement l'indigène prévoit ces variations, mais il les pressent sous l'influence de certains symptômes avant-coureurs. Tout est régulier dans cette nature singulière ; tout est réglé dans les habitudes du peuple. Aujourd'hui, comme dans l'antiquité, des fêtes ont lieu qui ont pour unique objet de consacrer les diverses phases de l'année. El-cham-ei-nésim, l'aspiration des brises se célèbre vers la fin de mars. Dès avant l'aurore, la population du Caire se porte en foule dans les jardins publics. Chrétiens et musulmans vont respirer les derniers zéphirs. Les jours suivants, et quelquefois ce jour-là même, commence la période du Khamsin : la vallée est en proie au souffle brûlant du désert. Lorsque les eaux du fleuve atteignent le niveau désiré et pénètrent dans le canal qui traverse le Caire, de grandes réjouissances ont lieu. C'est la fin des chaleurs désastreuses Égypte va être fécondée par le Nil.

II

La science, d'accord avec les plus anciennes traditions, nous montre, à une époque très-loin de nous, à la place de cette riche contrée, un vaste golfe de la mer [3]. Les flots venaient se briser sur le massif gra-

1. De l'arabe Khamsin, Cinquante.
2. Le paysan égyptien.
3. Hérodote, t. II, 4, 5, 11, sqq.; 15. — Diodore, t. I, 31. — Strabon, t. I, 53, 61, sqq. — Voyez aussi : *Description de l'Égypte*, les *Mémoires* de Girard, d'Andreossy, etc. — Deluc, *Lettres géologiques*, etc.

ntique de Syène. « Anciennement, dit Plutarque, Égypte estoit la mer, de manière qu'encore presque aujourd'huy, dedans les mines où l'on fouille et parmi les montagnes, l'on trouve force coquilles de mer, et toutes les fontaines et tous les puits, qui sont en grand nombre, ont l'eau saumâtre et amère comme estant encore un reste et réserve de la mer qui serait là coulée[1]. » Ces faits ont été, de nos jours, observés de nouveau ; les savants de l'expédition française en ont constaté l'exactitude. Il est certain que les flots ont couvert cette contrée. Un éminent géologue attribue la retraite des eaux à l'apparition soudaine et terrible des volcans de la Méditerranée, et des considérations intéressantes viennent à l'appui de cette opinion[2]. Quelle que soit d'ailleurs la cause de ce phénomène, le golfe devint, dans ces temps reculés, une plage semblable aux déserts du littoral africain. Soit que la violence de la secousse volcanique ait amené la rupture de la chaîne transversale qui relie, à Syène, les monts arabiques à ceux de la Libye, soit que l'écartement des roches granitiques ait une autre origine, le massif s'ouvrit, à une époque antique, aux eaux fertilisantes du Nil qui antérieurement, arrêtées par cet obstacle, suivaient un cours plus occidental. Le fleuve se répandit alors sur la plage aride : c'est en ce moment que naît l'Égypte.

L'aspect seul de la cataracte révèle la nature du phénomène qui s'est accompli en ce lieu. Ces rocs taillés à pic, de structure étrange, appartenant tous au même terrain et çà et là entassés les uns sur les autres, attestent la puissance de la secousse qui brisa ce tronçon de montagne d'apparence indestructible.

Les flots du Nil commencèrent donc à inonder le sol infécond mis à nu par la retraite de la mer ; le limon qu'ils charriaient couvrit cette arène aride. Des marécages se formèrent. Mais le vent du désert, soulevant les sables, annihilait l'œuvre du Nil. La terre fertile, encore faible, disparaissait. Le fleuve, toujours vaincu, n'en continuait pas moins d'apporter le tribut de ses alluvions. Peu à peu, la végétation devint possible ; le khamsin fut impuissant à la détruire. La présence de l'homme est indiquée à cette époque : en réunissant les eaux dans un lit unique, il régularisa leurs dépôts et créa, contre les envahissements du désert, une barrière définitive. Ainsi le fleuve, secondé par le génie humain, parfit sa vallée jusqu'à ce qu'elle devint cette Égypte si merveilleusement féconde qui nourrit un peuple puissant.

C'est à ces circonstances que la contrée doit la singularité de sa conformation. Creusez le limon, vous trouvez le sable marin. La végétation expire aux limites extrêmes que les eaux atteignent : où le flot

1. *D'Isis et d'Osiris* (attribué à Plutarque), traduction d'Amyot.
2. Élie de Beaumont. *Notice sur les systèmes de montagnes*, p. 1110.

s'arrête, c'est le désert. Le phénomène de l'inondation se produit dans des conditions exceptionnelles. Le limon charrié par le Nil, abondant au point de départ, se dépose en couches de plus en plus minces à mesure que les eaux s'éloignent des berges. L'exhaussement annuel du sol suit ainsi une progression dans laquelle le lit du fleuve occupe le point culminant, la terre déclinant à droite et à gauche. Ce fait explique comment les débordements, attendus et réglés par le fellah, sont pour l'Égypte une source de fécondité, tandis qu'on les redoute partout ailleurs : ici, en effet, au lieu de couler dans le fond de la vallée, le flot se développe sur une crête[1].

Dans de telles conditions géologiques, il est évident que l'emplacement de Thèbes a seul été habitable d'abord, et la tradition recueillie par Hérodote est, en ceci encore, conforme aux conclusions de la science : « Ménès, dit le voyageur grec, fut, au compte des prêtres de l'Égypte, le premier des hommes qui régna sur le pays, lequel, excepté le nome de Thèbes, était tout entier en marais, rien de cette contrée qui existe aujourd'hui au-dessus du lac de Mœris ne se montrant alors hors de la surface de l'eau. »

Hérodote déclare qu'il se fait l'écho de la science sacerdotale. Le passage qu'on vient de lire est effectivement en parfait accord avec les traditions religieuses. Ce sont ces légendes sacrées, conservées dans les sanctuaires, qu'un écrivain national, Manéthon, prêtre de Sebennuytus, a mis en œuvre dans son histoire dont nous ne possédons malheureusement que des fragments plus ou moins altérés[2]. Toute la

---

1. Voy. Gérard, *Mémoire sur l'agriculture, loc. cit.*
2. D'après l'opinion la plus généralement acceptée, Manéthon, Égyptien et appartenant au sacerdoce, écrivit en grec et en trois livres l'histoire de son pays, depuis les temps les plus reculés et d'après les écritures sacrées. Tous les fragments de cet auteur nous sont parvenus par l'intermédiaire de Josèphe, d'Eusèbe et de George le Syncelle. Ils sont de deux sortes ; ils nous donnent : 1° les séries des Pharaons depuis Ménès, groupés en dynasties, et antérieurement à Ménès des dynasties divines qui embrassent plusieurs milliers d'années; 2° quelques indications relatives à l'invasion des hycsos ou pasteurs.

Personne n'exprime aujourd'hui le moindre doute sur la très-grande valeur des renseignements que ces précieux fragments nous fournissent; Mariette-Bey les considère avec raison comme le meilleur guide que nous possédions au milieu des ténèbres qui couvrent l'histoire de l'Égypte ancienne. Les divergences d'opinions ne portent que sur l'époque à laquelle Manéthon a vécu. Le Syncelle en fait un contemporain de Ptolémée Philadelphe dans un passage où il cite une lettre du prêtre de Sébennytus à ce souverain. Le scribe y dit au roi : « Je dois m'occuper de toutes les choses sur lesquelles il te plaît de m'interroger. Tu me demandes ce qui doit arriver de l'univers; je vais mettre sous tes yeux, pour obéir à tes ordres, les livres sacrés écrits par Hermès, l'aïeul trois fois grand. » Les écrits de Manéthon dateraient ainsi de la première moitié du troisième siècle avant notre ère. Un savant, M. Havet, descendrait volontiers un siècle et demi plus tard.

première partie de ces annales, la série des dieux qui auraient régné sur le pays durant un nombre stupéfiant d'années, me paraît conserver, dans leurs éléments essentiels, les mythes successifs qui perpétuèrent, dans les temples, le souvenir de la genèse même de l'Égypte. Les matériaux, les monuments font nécessairement défaut à la critique pour étudier ces dynasties divines. Mais quand l'archéologue manque de textes à consulter, le géologue lui vient en aide. Celui-ci lit en pleine nature; la terre est l'impérissable monument qu'il déchiffre. Nous allons voir de quelle lumière inespérée les phénomènes physiques, rapprochés de la légende, éclairent cette page d'histoire avant l'histoire. Tout s'explique, les dates aussi bien que la succession des dieux dynastes. A travers le récit symbolique, les différentes transformations de la vallée du Nil s'aperçoivent sans aucun effort d'imagination : c'est la création même de l'Égypte que racontait le prêtre dans la légende d'Osiris. Voici les principaux détails de ce mythe célèbre.

La déesse Nout, unie au dieu Seb, enfanta, dans les cinq jours complémentaires de l'année [1], les dieux Osiris, Haroëris et Set, que les Grecs appelaient Typhon, et les déesses Isis et Nephtys.

Osiris connut sa sœur Isis dès le sein de sa mère; de cette union naquit Haroëris, considéré tantôt comme frère, tantôt comme fils d'Osiris.

La première manifestation du couple divin eut lieu sur les bords du Nil. Le dieu apprit aux Égyptiens à cultiver le sol que la déesse dota de végétation.

Cependant le règne du bienfaisant Osiris fut interrompu par les trames de son frère Set. Ce dieu méchant chercha d'abord à le détrôner, tandis qu'il allait, au loin, faire la pacifique conquête des peuples à la civilisation par l'agriculture et l'industrie. La fermeté d'Isis déjoua ses projets. Mais, Osiris étant revenu dans ses États, Set lui tendit des embûches, réussit à l'enfermer dans un coffre, l'y étouffa et livra le cercueil aux flots du Nil.

Dès qu'elle connut son malheur, Isis se mit à la recherche du corps de son époux. Osiris avait connu par méprise sa sœur Nephtys, femme de Set, et il avait eu d'elle un fils semblable à lui, nommé Anubis. Ce fut avec l'aide d'Anubis qu'Isis retrouva le corps de son divin époux. Elle le cacha dans les marais de Buto pour le soustraire à la haine de Set. Mais ce dieu chassant, la nuit, à la clarté de la lune, aperçut le cercueil et reconnut son frère. Il divisa le corps en quatorze parties et les dispersa.

---

[1]. On sait que les anciens divisaient l'année en 12 mois lunaires de 30 jours chacun, donnant ensemble 360 jours, d'où la nécessité d'ajouter, aux 12 mois, 5 jours pour compléter la période annuelle.

Isis, ayant eu connaissance de cet événement, entreprit de rechercher les membres épars d'Osiris. Elle parvint à les réunir, excepté l'organe de la génération que certains poissons du Nil avaient dévoré. La déesse le remplaça par un simulacre et consacra le phallus.

Quand elle eut reconstitué le corps de son époux, quand Anubis eut inventé, pour lui, l'embaumement, Isis, assistée du dieu Thoth, ressuscita Osiris par la puissance des paroles divines. Elle déposa le cercueil dans l'île de Philæ qui devint le lieu saint par excellence.

Cependant le fils légitime d'Isis et d'Osiris, Horus, grandissait dans les marais de Buto. Lorsque le jeune dieu se sentit assez fort, il songea à venger son père et déclara la guerre à son oncle. Set fut vaincu par Horus à qui le dieu Thoth prêta son aide. Les vainqueurs ne tuèrent pas leur ennemi; ils l'émasculèrent seulement. Et, tandis que cette grande lutte avait lieu, Osiris défunt présidait au combat. Isis eut du dieu, après sa mort, un fils né avant terme, boiteux et mutilé, Harpocrate [1].

Pour reconnaître le sens primitif de cette fable, il suffit de restituer aux personnages mythiques le nom des êtres qu'ils représentent. On est généralement d'accord pour voir dans Osiris, le Nil; en Isis, la terre; en Set ou Typhon, le vent du désert appelé Khamsin; enfin, la mer dans Nephtys [2]. J'ajouterai, pour préciser ces assimilations, qu'Isis me paraît avoir signifié d'abord uniquement le sol déposé par les eaux du fleuve, en quoi elle est bien la sœur d'Osiris, et je trouve, dans la végétation de plus en plus vivace dont cette terre se couvrit, le fruit de l'union divine, c'est-à-dire Horus [3]. Anubis représente primitivement les terrains marécageux formés sur les bords de la mer par le Nil et précisément le résultat de ce que Plutarque appelle « l'adultère d'Osiris avec Nephtys, lequel, ajoute-t-il, se reconnaît à quelques plantes qui sourdent, entre lesquelles est le mélilot. » Enfin, tous les savants sont unanimes en ce qui concerne le dieu Thoth, l'intelligence divine, inspiratrice du sacerdoce, qui se confond, dans les choses humaines, avec la caste des prêtres.

Le mythe d'Osiris rappelle donc cette période de formation pendant laquelle le Nil se répandit sur les sables qui constituaient le sol entre la chaîne arabique et les montagnes de Libye. Les alluvions du fleuve se couvrirent bientôt de quelque végétation. Mais le brûlant Khamsin

---

1. Voy. Plutarque : *De Iside et Osiride*; M. Emm. de Rougé : *Étude sur le rituel funéraire des anciens Égyptiens*; Mariette-Bey : *Notices du Musée de Boulâq*.

2. Plutarque, *loc. cit.*

3. Je suis ici en parfait accord avec M. Jomard : « Osiris, dit-il, c'est le Nil; Isis est la terre fertile, Horus c'est son fils, ce sont ses productions. » *Description de l'Égypte antique*, t. II, ch. XII, § 6, p. 19, sqq.

— Set — desséchait la mince couche de limon et faisait disparaître les premiers germes de fertilité qui s'y manifestaient. La lutte entre le désert et le vent de feu qui en est comme l'âme, s'établit avec la terre apportée et fécondée par le principe humide, son inséparable vivificateur. Le sol — Isis — résiste. Mais le Nil, — Osiris, — se développant vers le nord et le volume de ses eaux venant à s'amoindrir par suite de leur abaissement annuel, la vallée est plus que jamais en proie au souffle dévastateur. On put alors dire du fleuve qu'il était semblable à un homme étouffé dans un cercueil. La terre embrasée le pleure, cherchant avidement ses ondes rafraîchissantes. C'est sur le rivage de la mer, à cet endroit où, par l'effet des courants maritimes et des apports incessants de limon, un terrain marécageux s'était formé que le cours du Nil se laissait apercevoir. Dans le langage de la légende, c'est Anubis, fruit de l'adultère d'Osiris avec Nephtys, qui découvre le corps du dieu.

Le Nil était comme enseveli. Le vent du désert qui souffle précisément à l'époque de l'étiage, en amoncelant çà et là les sables, dut creuser au fleuve des lits multiples par lesquels, au moment de l'inondation, les eaux divisées s'écoulèrent vers la mer, fait qui répond très-bien à la dissémination des membres d'Osiris par Set. Cependant la terre fertile se renforçait de plus en plus. Les travaux des hommes vinrent en aide à la nature. L'onde créatrice ne se répandit plus au hasard : l'intelligence humaine lui traça une voie régulière. — Thoth seconde Isis dans la confection du cercueil de son époux et ressuscite le dieu par la vertu des paroles divines. Le sol s'est couvert d'une végétation puissante. — Horus a grandi dans les marais de Buto. — Désormais les envahissements du désert trouveront une barrière infranchissable, la vallée pourra braver le Khamsin. Fait remarquable! La fable constate que Set n'est point immolé par Horus et Thoth; les vainqueurs se bornent à le frapper d'impuissance.

Le vent redoutable ne cesse pas, en effet, de se manifester; mais il ne saurait désormais détruire l'œuvre du Nil. Le lieu où la tradition place le tombeau d'Osiris est aussi très-significatif : c'est à Philæ, au seuil de l'Égypte [1]. Autre détail du mythe qui concorde avec les phénomènes naturels : Osiris défunt assiste néanmoins au triomphe de son frère, à sa lutte avec Horus et à la victoire définitive du jeune dieu. Le fleuve, quoique affaibli, ne cesse jamais complétement d'arroser la contrée. Enfin une dernière circonstance du récit attribué à Plutarque, c'est la naissance d'Harpocrate, l'*Hor-pe-Khott* des textes

---

1. D'après Diodore, l'île sainte de Philæ était accessible aux prêtres seulement. Le serment le plus inviolable des Égyptiens consistait à jurer « par Osiris qui repose à Philæ. »

hiéroglyphiques, Horus enfant. Ce dernier né d'Osiris, venu au monde après sa mort, boiteux et mutilé, correspond bien ce me semble à la plus récente création du Nil, le Delta, qui, à l'époque où furent coordonnés les éléments de la légende, touchait probablement encore au chaos.

Cette tendance à exprimer des idées abstraites à l'aide des mythes est bien conforme au génie des peuples primitifs. En voici un remarquable exemple cité par M. Guigniaut, le savant annotateur de Creuzer :
« Les Arcadiens avaient conservé le souvenir de l'invasion de leur pays par la mer et la stérilité qui se prolongea jusqu'à ce que les alluvions de leurs rivières eussent rendu au sol la fécondité. Le poëte-géologue des premiers jours de la Grèce racontait ainsi ces phénomènes naturels : Cérès, ayant été violée par Neptune, demeura longtemps irritée. Sa colère cessa quand elle se fut baignée dans le fleuve Ladon. »

III

Je crois avoir mis suffisamment en lumière la signification primitive du mythe d'Osiris par le simple rapprochement des faits de la légende avec les particularités géologiques que présente la vallée égyptienne. Le développement séculaire de la civilisation pharaonique est tout entier en germe dans cette fable. Avant de suivre les transformations progressives de cette genèse poétique du pays de Kemé, il est intéressant de rechercher, dans cette antique conception, les traces de la période antéhistorique des dynasties divines qui ouvrent les listes royales de Manéthon.

Les écrivains grecs et romains plaçaient les débuts de l'Égypte dans les temps les plus reculés. Certaines traditions faisaient remonter l'existence des riverains du Nil à une époque antérieure à l'apparition de quelques-uns des astres [1]. Simplicius donne une date énorme, l'an 630,000, comme celle de leurs premières observations écrites ! Diogène de Laërte descend à l'an 48,863 avant Alexandre. D'autres auteurs réduisent ce nombre d'années à 36,525. Enfin, Diodore de Sicile, résumant à cet égard l'opinion des anciens, dit que les observations des Égyptiens remontent à un nombre incroyable d'années [2].

Manéthon, interprète autorisé des traditions sacerdotales, place, en effet, avant Ménès, premier roi humain, des dynasties de dieux dont

---

1. Voy. le Scoliaste d'Apollonius, IV, 263.
2. Voy. mon Étude sur les mythes religieux de l'Égypte, *Revue contemporaine*, 15 septembre 1866.

les règnes comprennent une période d'environ 25,000 ans. Dans cette série d'êtres divins, la légende d'Osiris me paraît conserver le souvenir de ce que le prêtre de Sébennytus appelle « l'époque d'Osiris et d'Isis. » La fable embrasse même, dans son développement, le règne de Seb, père d'Osiris et s'étend jusqu'à l'ère de Ma. L'ordre de succession est le même dans l'historien national et dans le mythe. Celui-ci nous fournit les règnes de Seb, d'Osiris, de Set, d'Horus et de Thoth. Le tableau que l'on trouve dans la traduction arménienne d'Eusèbe est identique. Au règne de Thoth succède l'époque de Ma ou de Justice. C'est l'âge d'or égyptien. Nous touchons ici à ces temps reculés où, des efforts persévérants de l'intelligence humaine, résulta, pour l'Égypte, une ère de repos et de prospérité. Le règne de Ma, abstraction faite de la date qui lui est assignée par Manéthon, dut offrir le spectacle d'une organisation sociale déjà perfectionnée. Un savant, M. Rodier [1], fait remonter à ces temps si loin de nous, l'institution de l'année de 365 jours. Il est effectivement probable que c'est pendant cet âge d'or de la vallée du Nil, que se forma, des souvenirs laissés par les phénomènes extraordinaires auxquels les ancêtres avaient assisté, cette légende d'Osiris dont le sacerdoce s'empara et qui opéra une transformation décisive de la croyance religieuse. Plus tard, en formulant le mythe, le prêtre y rattacha sans doute la réforme du calendrier. Le traité attribué à Plutarque semble confirmer cette opinion. Le Soleil ayant maudit Rhéa, son épouse infidèle, la condamna à n'enfanter ni dans le mois ni dans l'année. Mais Hermès désirant s'unir à cette déesse et avoir d'elle des enfants, joua aux dés avec la Lune et lui gagna la septentième partie de chacune de ses illuminations dont il fit cinq jours qu'il ajouta aux trois cent soixante de l'année. Ce sont ces jours que les Égyptiens célébraient et solennisaient comme étant ceux de la nativité des dieux [2]. Ce procédé est bien, du reste, dans le véritable esprit sacerdotal. L'année de trois cent soixante-cinq jours n'est plus ainsi une découverte du prêtre astronome ; elle est révélée aux hommes par le fait de la naissance des dieux.

Le premier corps d'histoire légendaire s'arrêta peut-être à l'époque de Phré ou « règne du Soleil, » qui semble avoir été pour l'Égypte au moins, sinon pour toutes les religions du berceau de l'humanité, la période primitive. Nous trouvons, au delà de Seb, le « règne de Knub », le Knouphis des Grecs dont le nom égyptien est Noum, le principe humide vivificateur. Le dieu est représenté avec une tête de bélier, symbole de l'ardeur créatrice du principe actif de la nature. Il était vénéré en Nubie et particulièrement aux cataractes, « la région où se versent

---

1. Rodier, *Antiquité des races humaines.*
2. Plutarque, *De Iside et Osiride.*

les eaux, » comme disent les légendes hiéroglyphiques. Un papyrus du musée de Boulâq nous le montre assimilé à Osiris dans un rôle funéraire ; Noum n'est peut-être qu'une forme archaïque de cette grande figure divine. Champollion le jeune pensait que les parèdres du dieu, les déesses Saté et Anouké, pouvaient être les formes primitives d'Isis et de Nephtys. Quoi qu'il en soit, le règne de Knouphis établit une transition entre l'idolâtrie solaire et la religion plus philosophique dont le mythe qui nous occupe devint le point de départ. Sa place est donc indiquée entre l'époque de Phré et celle de Seb, et c'est précisément le rang que lui assigne Manéthon.

Le règne du Soleil[1] est évidemment un souvenir du culte primitif. Il est certain, dit M. de Rougé, que l'idolâtrie solaire pénétra profondément toute la religion égyptienne, depuis un temps très-reculé. L'apparition régulière de cet astre qui semble régner dans l'espace, l'éclat de cette lumière devant laquelle les étoiles pâlissent éclipsées, cette grande source de chaleur qui répand sur la terre la fécondité et la vie, parlèrent nécessairement à l'imagination des hommes. Le prestige dut être singulièrement puissant en Éthiopie, sous un ciel d'une inaltérable sérénité qui, selon Diodore, rendait ce pays si favorable à l'observation du lever et du coucher des astres. La « table du Soleil », qu'on y voyait encore au temps d'Hérodote, était peut-être un dernier vestige de cette première expansion du sentiment religieux. De même qu'ils indiquèrent le règne d'Osiris sur la terre d'Égypte, les prêtres proclamèrent celui plus ancien du Soleil. Je crois avoir reconnu, dans un détail de la légende, la filiation de ces formes du culte. Haroëris, ce dieu frère et fils à la fois d'Isis et d'Osiris, créé avant que le couple divin fût sorti du sein de Nout, qui est la personnification même de l'espace céleste, Haroëris, Horus aîné, me paraît symboliser la contrée fertilisée par le Nil avant que le fleuve pénètre dans la vallée d'Égypte, c'est-à-dire l'Éthiopie. Bientôt la contrée et le culte primitif qu'on y professait se confondirent. Haroëris rappela cette époque d'idolâtrie solaire, ce « règne du Soleil » mentionné par Manéthon. Nous trouvons en effet constamment dans les textes hiéroglyphiques le dieu identifié avec cet astre.

C'est ainsi que le mythe d'Osiris transforma, sans l'annihiler, la croyance des premiers jours. Il révéla, aux sages de l'Égypte, tout un monde d'idées nouvelles, en montrant la nature animée par la divinité même. Nous allons voir bientôt le prêtre s'élever à la conception d'un Dieu unique, cause initiale de tout ce qui existe et seul existant en réalité. La première trace de ce progrès décisif de la pensée sacerdotale

---

1. *Phré* ou *Phra*, le Soleil, et plus communément *Ra*, Soleil, sans l'article masculin singulier *Ph*, le.

se trouve dans le règne qui ouvre la série des dynasties divines : le règne de Phtah. Phtah est « l'ouvrier divin, celui qui donne la forme (totonen). » Créateur des astres, de l'œuf du soleil et de la lune, c'est lui qui a suspendu la voûte du ciel. Par lui a été déposé, dans le sein de la matière, le germe qui l'oblige à se renouveler sans cesse.

Nous abordons ici la religion égyptienne dans ce qu'elle a de plus élevé et de moins connu. Avant de suivre ce dernier développement du mythe d'Osiris, nous devons constater un fait important : à mesure qu'on remonte vers « le règne de Phtah », on se trouve en présence d'une histoire légendaire composée en des temps plus près de nous. Il est certain que l'Égypte n'a pas débuté par le monothéisme ; or, la conception qui se rattache à Phtah est essentiellement monothéiste. Dès ce moment, les nombreuses divinités du panthéon égyptien ne sont plus que des noms divers appliqués à l'Être primordial considéré comme créateur et dans ses rapports avec l'homme. Elles représentent les modifications du premier principe, depuis le moment de la constitution de l'univers par la Sagesse suprême, Phtah ; la création des êtres et le commencement du temps avec le Soleil, Phra ; la divine fécondité de la nature animée par Knouph, jusqu'à la formation de l'Égypte et à l'organisation des sociétés humaines auxquelles président les dieux osiriaques, ceux qu'on peut appeler avec Diodore « les dieux terrestres [1] ». Le caractère cosmogonique de ces dynasties ressort de leur ordre de succession : la légende a toute la logique d'une dissertation philosophique.

M. Rodier, dont nous avons déjà rencontré le nom, a démontré, avec beaucoup de sagacité, que les dates des divers règnes divins, inscrits par Manéthon, en tête de ses listes royales, correspondent, avec une précision singulière, à certains phénomènes astronomiques, et l'auteur de l'*Antiquité des races humaines* en déduit la réalité historique de ces époques. Les considérations dans lesquelles nous venons d'entrer, rapprochées du fait très-remarquable que constate ce savant, me semblent démontrer au contraire d'une manière décisive que le tableau des dynasties antérieures à Ménès, avec leurs dates correspondant à des observations astronomiques reconnues exactes par la science, est l'œuvre progressive du sacerdoce égyptien. Ces périodes ont dû être déterminées, dans le secret des temples, au fur et à mesure que s'y constitua, pendant la longue durée des empires pharaoniques, le système religieux qui prévalut dans la croyance. Ces « règnes divins » rentrent donc, en partie, dans la religion pure de Phtah à l'époque de Ma, en partie dans l'histoire probable mais inconnue de l'Égypte primitive, de l'ère de Ma à Ménès. Ces dynasties, qui ont donné lieu à tant

1. Θεοὶ ἐπίγειοι, Diod, I, 13.

d'interprétations, nous racontent donc la création universelle. Manéthon les a placées en tête de ses annales par une pensée analogue à celle qui fait débuter les livres de Moïse par le récit de l'œuvre des six jours. La forme seule diffère. Où le législateur d'Israël dit : « Au commencement Dieu créa le ciel et la terre, » le prêtre égyptien s'exprimait ainsi : « Au commencement fut le règne de Phtah ; » et cette indication suffisait à l'initié des sanctuaires pour qui Phtah représentait la puissance créatrice distribuant les mondes dans l'immensité.

IV

Le « règne de Ma », la déesse de justice et de vérité, comprend peut-être cette période de théocratie pure au sein de laquelle la civilisation égyptienne a son berceau, où elle acquit ses premiers développements. L'égyptologie ne possède aucun vestige de cette enfance; les plus anciens monuments appartiennent aux successeurs de Ménès. Or, huit siècles environ après ce premier roi humain, l'art nous offre, comme spécimen... les grandes pyramides !...

C'est sur le plateau septentrional de Saqqârah, dans le voisinage du lieu où fut Memphis, que M. Mariette a mis au jour les ruines les plus antiques, celles qu'il fait remonter aux trois premières dynasties. Dès ce moment le mythe d'Osiris constitue déjà le fond de la croyance. La doctrine religieuse a opéré son évolution décisive. La tradition recueillie par Hérodote est, ici encore, conforme aux révélations des textes hiéroglyphiques et des scènes symboliques. D'après le voyageur grec, Ménès fonde Memphis, la ville de Phtah. Or, l'idée de Dieu qui se rattache à Phtah est celle même de la Cause première et immatérielle, conception qui immortalisa, bien des siècles plus tard, le nom d'Anaxagore et qui fut saluée en Grèce comme la plus glorieuse conquête de la philosophie. Avec Phtah, le mythe d'Osiris revêt sa dernière forme, celle qui assure à l'Égypte sacerdotale une place à part et des plus élevées dans l'œuvre accomplie par la pensée humaine.

Cette féconde légende se perd donc dans la nuit des siècles et l'on ne peut émettre, sur son origine, que des hypothèses plus ou moins fondées ; nous ne nous attarderons pas à les énumérer pour les préconiser ou pour les combattre. Si les noms des personnages que le mythe met en scène sont une importation étrangère, l'appropriation du drame divin à la nature de l'Égypte est si complète que la fable paraît être le fruit spontané de l'imagination populaire. D'ailleurs, c'est de ce premier symbolisme naturaliste que découle, comme d'une source intarissable, tout le développement religieux, moral, social et politique des riverains du Nil. Homère place, sur le rivage du Delta, la grotte de Protée, le vieux pâtre de Neptune qui connaît le secret des dieux. On ne pouvait contraindre le vieillard à révéler la science sacrée, sans mettre en œuvre la force et la violence. Il fallait triompher de ses artifices, l'étreindre sans merci sous les mille formes qu'il savait revêtir pour tromper la curiosité des hommes. Cette fiction du poëte est une image vivante de la légende osirienne. Tout est en elle; elle contient le grand mystère que l'opiniâtre et puissant génie du prêtre s'efforcera de pénétrer. Genèse de l'Égypte d'abord, nous l'avons vue devenir pour lui la genèse du monde même; puis, sa pensée s'élevant plus haut encore, il rencontre l'idée d'un Dieu unique, Intelligence suprême, principe et fin de toutes choses.

Comment cette grande lumière s'est-elle faite dans l'esprit de l'homme? L'immensité de l'univers et la fragilité de l'être qui le contemple ont dû sans doute s'emparer d'abord de l'imagination. L'effroi descend dans l'âme du spectateur. Il adore ce qu'il redoute avec plus de ferveur que ce qu'il aime. Peu à peu, cependant, il prend conscience d'une puissance, qui est en lui, supérieure à la vigueur des fauves, à l'impétuosité des mers, à l'effrayante énergie des éléments. Ce qui se passe au dedans de lui est incomparablement plus admirable que les mystérieuses beautés de la terre et les brillantes énigmes du ciel. Certes, ses yeux sont éblouis par les phénomènes de la vie universelle pétrissant et transformant le monde sensible comme le sculpteur l'argile qu'il plie à tous les caprices de son génie. Mais dans son for intérieur réside l'Intelligence. Par elle tout lui est soumis. Elle conçoit l'idée féconde dans le recueillement de sa pensée; cette idée revêt une forme vivante, s'incarne dans la parole et possède alors une force irrésistible. Voilà ce que l'homme a pu observer en lui-même. Dès ce moment il a distingué deux ordres de phénomènes : ceux du monde sensible et ceux de l'âme. Aussitôt cette double question se pose : Qu'est la matière? Qu'est l'esprit? double problème que les générations se lèguent sans en pouvoir trouver la solution.

Si ces deux modes de l'existence ne peuvent être définis dans leur essence, leurs conditions spéciales tombent cependant sous l'observation; il est donc permis de préciser le caractère qui leur est propre. Or, tout ce qui est corporel tend visiblement à la division, à la pluralité, au particulier, à l'inertie; tout ce qui est du domaine de la vie et surtout ce qui est intelligence obéit au contraire à une loi d'union, cherche l'unité, aspire à la généralité par une activité incessante. La matière semble n'avoir de force que pour détruire l'être organisé, pour en ramener les éléments à une stérilité informe, représentant la seule idée concevable du non-être; l'esprit, au contraire, possède l'inextinguible désir de produire la vie, de tout féconder et faire renaître. Sont-ce donc là deux êtres étrangers l'un à l'autre dans leur cause comme dans leurs effets ? A les voir aux prises, au sein de la nature, ils paraissent exister dans un antagonisme éternel. C'est même cette lutte qui devient la base du dualisme si énergiquement symbolisé dans Osiris et son frère Set. Ce dernier personnifie d'abord le désert, puis la matière stérilisante. Mais les deux divinités sont issues d'un même père, engendrées par la même mère : elles ont une origine commune. Conception remarquable ! Pour le prêtre égyptien, le monde sensible et celui de l'intelligence proviennent d'une Cause unique.

Mais alors lequel des deux principes est la Cause primordiale? Un fait incontestable, c'est l'action que l'esprit et la matière exercent l'un sur l'autre. Il y a donc une affinité entre ces deux êtres dont l'opposition est telle cependant que le jour et la nuit leur ont servi de symboles et qu'ils sont devenus les principes du bien et du mal. Quel est celui qui engendre l'autre ? Ne faut-il voir dans la vie et l'intelligence que des phénomènes du monde corporel, ou bien le monde sensible n'est-il lui-même qu'une dégénérescence de la cause intelligente ? C'est la dernière hypothèse qui semble avoir été considérée comme la vérité dans les sanctuaires de l'ancienne Égypte. La matière, abandonnée à elle-même, y était l'expression du néant. L'être réel, le seul vivant, c'est l'intelligence. Ainsi furent expliqués les mystérieux phénomènes observés dans cette unité supérieure qui s'appelle l'homme. Fait bien digne assurément des méditations du philosophe! L'homme résume le monde, il est la synthèse vivante de la création et c'est en quelque sorte par lui que Dieu est présent dans son œuvre. Attribuer cette organisation intelligente au concours éphémère de certaines forces propres à la matière, c'est émettre une hypothèse qui ne se fonde sur rien de démontré, de positif, de scientifique et qui, de plus, répugne à la raison. L'expérience des siècles est invariable sur ce point : nulle part la matière n'engendre la vie par une énergie qui soit en elle, et encore moins la voit-on engendrer l'intelligence ; les êtres organisés ne se reproduisent qu'en vertu du germe qui est en eux. Il y a donc une cause première de tous les germes vivants. Dans aucun cas, en dehors de l'homme, la vie n'est accompagnée d'intelligence : il existe donc un prototype de l'homme qui est la source de l'intelligence et de la vie. Voilà sans doute par quelles déductions le génie sacerdotal parvint à concevoir Dieu comme la suprême intelligence.

C'est avec stupéfaction que l'on rencontre les premières traces de ces vues sublimes aux confins des temps historiques, à une époque pour laquelle l'Égypte seule a conservé d'irrécusables témoignages. Le Noûs d'Anaxagore n'est pas autre chose en effet que le Thoth des sanctuaires de Thèbes et de Memphis.

Thoth — on s'en souvient — est un des personnages de la légende osirienne. La haute signification qui se rattache à ce détail du mythe ne s'aperçoit pas tout de suite dans le récit attribué à Plutarque. On se demande quel est ce dieu qui intervient, au dernier moment, dans la lutte engagée entre Set et Horus et qui manifeste tout à coup une puissance sans l'appui de laquelle le triomphe de la bonne cause n'aurait pu être obtenu. Horus est fils d'Osiris, mais la filiation de Thoth n'est point indiquée. Si nous consultons les textes hiéroglyphiques, ils répondent que Thoth « est apparu comme un être non engendré ». Ceci est une révélation. Nous abordons, avec ce personnage divin, le côté métaphysique du mythe naturaliste d'Osiris. Le prêtre avait très-nettement aperçu Dieu dans ses œuvres et l'y adorait. Mais lui-même, ce qui, en lui, concevait le créateur, était aussi l'ouvrage de l'Être-suprême. Dieu était donc intelligence dans l'absolu de même que l'homme est intelligence dans le relatif. Or, le principe intelligible est supérieur en nous et autour de nous au monde sensible, d'où il faut conclure que l'idée de Dieu intelligence domine toutes les autres manifestations de la divinité ou plutôt ces manifestations n'existeraient pas sans la Cause initiale, le premier de premier, le père sans commencement, le saint des saints, le vrai Dieu.

Voilà bien, en effet, ce qu'est Thoth dans la doctrine égyptienne : l'idée abstraite du premier principe. A ce point de vue, il est identique à Phtah et aux formes diverses du démiurge : Ammon, Noum, Atoum. Si l'on isole sa signification d'Intelligence suprême, il sera le premier Thoth trois fois très-grand. Comme le Brahmâ indien, qui écrit les Védas avant la confection de l'univers, il a compris éternellement sa propre nature et déposé son omniscience dans des livres restés inédits jusqu'à l'apparition des âmes. Ce détail du mythe cache une pensée aussi profonde que juste : la création est le livre qui contient les secrets de la divine sagesse !

Cette philosophie repose exclusivement sur l'observation et l'étude de soi-même. N'est-il pas vrai que la notion de tout ce qui est du domaine de l'homme existe dans son esprit ? Ainsi, toutes choses sont en Dieu sans cependant être Dieu. La conception de l'être créé est restreinte ; elle a des au delà qu'il peut conquérir, d'autres qui échappent à ses efforts : la conception de Dieu comprend l'infini, ou plutôt c'est l'infini même. Qui n'a laissé, à certaines heures, la solitude et le calme extérieur aidant, sa pensée livrée à elle-même ? Le cerveau s'emplit d'une confusion d'impressions idéales, vagues, presque insaisissables. On ferme les yeux pour mieux voir, car tout est informe, indéfini, fugitif dans ces perceptions multiples. Voilà bien l'image la plus complète, qui soit à notre portée, de l'être dans l'absolu. Tout ce que possède l'intelligence humaine, soit par ses rapports avec le monde sensible, soit par son application aux choses de l'esprit existe dans ce recueillement de la pensée ; mais tout y est incohérent : c'est bien le chaos. Cependant, que l'intelligence manifeste son énergie, qu'une de ces impressions idéales l'attire, pour me servir d'un langage humain, éveille en elle l'amour qui est sa force expansive, aussitôt la volonté saisit l'idée, la détermine, la possède, et la lumière se fait en nous par cette première forme donnée à l'abstraction. C'est ainsi que le prêtre égyptien — et l'on peut dire également les sages de l'Inde et de la Perse — rendent compte de la création; il semble que le génie de ces penseurs des premiers âges l'ait conçue comme l'éternelle réflexion de Dieu. C'est par la puissance de son verbe que Dieu crée incessamment et le verbe est identique avec l'amour.

Le personnage mystérieux de la mythologie indienne Oum est la première parole que profère Brahm, c'est la forme sensible de Brahmâ, le verbe divin en qui se révèle la création tout entière. Fait remarquable! C'est encore l'homme mystique appelé, comme l'homme lui-même, un symbole de l'univers. La même conception se retrouve chez les Perses : tout provient du verbe créateur (*ahû vairyâ* Honover) « antérieur au ciel, à l'eau, à la terre, à la vache, à l'arbre, au feu, à l'homme véridique, aux dews, aux hommes carnivores, à tout l'univers existant[1]. » C'est la parole d'Ormuz qu'il profère éternellement. Les esprits la répètent éternellement avec lui.

On voit que dans ces trois grands foyers de la civilisation primitive : l'Inde, la Perse, l'Égypte, l'Intelligence crée par l'énergie qui est en elle, par son verbe. Ce premier acte de la volonté divine ne tire point du chaos le monde sensible, mais le type de ce monde qui est, par rapport à lui, ce que la pensée est à la parole. La Bible dit d'ailleurs exactement la même chose. Pour l'écrivain sacré, comme dans les cosmogonies des peuples cités plus haut, le principe de la création c'est la parole de Dieu. « Dieu dit : Que la lumière soit, et la lumière fut. » Une lecture attentive des premières pages de la Genèse laisse très-nettement apercevoir deux créations : celle des germes, qui débute par la lumière et se termine par l'homme hermaphrodite, et celle des êtres vivants dans laquelle la lumière se manifeste dans le soleil et les astres et où les sexes se distinguent pour obéir à l'ordre du Seigneur : Croissez et multipliez.

Les idées qui se rattachent au dieu Thoth peuvent, on le voit, être revendiquées par plusieurs civilisations. Mais ce qui me paraît être plus spécial à l'Égypte, c'est le développement donné à cette idée que l'Univers est la parole même de Dieu, de sorte que la création devient l'hiéroglyphe par excellence, l'écriture trois fois sainte que le génie de l'homme aidé du dieu Thoth est appelé à déchiffrer. Sans intelligence

---

1. 19ᵉ *Ha* du *Yaçna*. L'Honover, par S. Oppert. *Annales de philosophie chrétienne*, janvier 1862.

créée, la nature et ses merveilles sont comparables au plus admirable des livres qui serait condamné à ne point avoir de lecteur. Quelque chose manque à l'harmonie universelle ; Dieu n'est pas obéi librement selon son essence. Dès qu'apparaît l'Être doué de raison, l'Intelligence suprême peut se contempler dans son image. Voilà pourquoi, tandis que les textes hiéroglyphiques nous montrent le démiurge façonnant éternellement l'œuf des mondes, la tradition légendaire représente le dieu Thoth mêlant l'eau et la terre pour former le corps de l'homme. L'Intelligence crée l'homme à son image, c'est-à-dire doué de la faculté de pénétrer le sens des principes sacrés que Thoth trois fois très-grand avait consignés sur des stèles, dit Manéthon. Le second Thoth traduira pour les hommes ce texte divin. Nous aurons ainsi l'écriture symbolique dont les caractères sont empruntés aux trois règnes de la nature et qui embrasse le ciel et la terre, l'hiéroglyphe pur ; puis l'écriture hiératique ou sacrée dans laquelle la représentation symbolique prend une signification phonétique et devient un instrument docile de la pensée. Il y a le même progrès entre le caractère symbolique et le caractère phonétique qu'entre le naturalisme panthéistique et la conception métaphysique qui se rattache au dieu Thoth.

Il faudrait peu approfondir ce sujet pour y trouver l'explication des fables et des légendes qui, sous des formes variées à l'infini, ont bercé notre enfance. « Le temps où les bêtes parlaient » et instruisaient les hommes, c'est évidemment l'époque de l'hiéroglyphe et les récits qui s'y rapportent nous conservent le souvenir persistant des premiers enseignements de la nature.

V

Une nation chez laquelle la pensée a pu acquérir un si admirable développement mérite, certes, de fixer l'attention des hommes. Et cependant, jusqu'à ces derniers temps, l'histoire, par une étrange contradiction, après avoir exalté « la sagesse des Égyptiens », nous montrait, dans les antiques riverains du Nil, des populations pliées, pendant des siècles, à toutes les servitudes et prosternées devant d'absurdes idoles. On constatait que Thèbes et Memphis ont été les institutrices de la Grèce, et, en même temps, Bossuet résumait bien l'opinion générale quand il disait de l'Égypte que « tout y était dieu excepté Dieu lui-même ». Nous savons aujourd'hui que la contradiction n'est qu'apparente. Cette civilisation a été sublime dans les sanctuaires, tandis qu'elle offrait, dans les masses, la crédulité et le servilisme. Le prêtre se réservait *l'esprit* et abandonnait *la lettre* au profane, et c'est ici le cas de reconnaître que la lettre a tué l'esprit.

Ne nous hâtons pas cependant de nous indigner. Ce fait, à le juger sans passion, est le résultat pour ainsi dire nécessaire d'un concours de circonstances contre lesquelles le libre arbitre semble impuissant à réagir. Personne ne nie l'influence du milieu sur le développement des groupes humains. Or, cette action de la nature sur l'homme s'est exercée, en Égypte, avec une implacable intensité : nous en suivrons un peu plus loin les dernières conséquences dans l'organisation sociale. Assurément les tribus primitives ont, en elles, le germe de la civilisation qui les fera peuple; les institutions qu'elles créent ou qu'elles adoptent portent l'empreinte de leur génie. Mais les conditions physiques modifient incontestablement ces tendances initiales. C'est ainsi que les préoccupations de la vie matérielle, le souci de l'existence, le besoin de protection rendirent les Égyptiens amoureux de la paix. Ils devinrent, par ces causes, laborieux, doux, enclins à l'ordre. La réflexion d'Aristote : « que la durée des institutions de ce peuple tint à sa pusillanimité » ne laisse pas que d'être vraie jusqu'à un certain point. Primitivement effrayé par la nature, il ne sortit de son effroi, de sa *panique* [1], qu'à force de travail; il devint pusillanime. Obligé de se défendre sans trêve contre le désert et le khamsin, le calme ne put se faire assez tôt en lui pour que son énergie morale se développât. Il fut terrifié, dompté, avant même d'avoir des maîtres ! De là sa timidité. Lorsqu'il subit un joug humain — celui de la caste sacerdotale — ce fut pour lui un joug sauveur. L'asservissement oppressa moins qu'il ne soulagea ce peuple en proie à la tyrannie des éléments. Il s'habitua à l'entrave parce qu'elle le soutenait. La prison fut son asile; il se réfugia dans la théocratie, dans la religion : il fut pieux.

Tous les peuples offrent d'ailleurs, à leur origine, une grande fécondité de conceptions religieuses. Il semble qu'une sève divine fermente alors dans les âmes. Un monde de pensées se révèle, travail collectif et spontané qui porte le sceau du génie propre à ces civilisations jeunes et naïves. Quelle riche éclosion d'images dans la Grèce primitive ! Quel souffle poétique inspire les mythes printaniers des Yavanas dans la patrie de leur choix ! La création est, à cette période, toute d'inspiration, d'élan. Voilà pourquoi la physionomie d'un peuple se reflète avec

---

1. C'est un détail du mythe d'Osiris qui, selon Plutarque, a donné naissance à cette expression : « Une frayeur panique. » On se rappelle que Set dressa des embûches à son frère et réussit à l'enfermer dans un coffre qu'il cloua et scella avec du plomb fondu, après quoi il le jeta dans la branche du Nil qu'on nomme *Tanitique*. « Les premiers qui entendirent la nouvelle, dit Plutarque, furent les *Panes* et les *Satyres* qui habitaient autour de Chemnis et qui commencèrent à murmurer entre eux. C'est pourquoi, jusqu'à aujourd'hui, on appelle les soudaines peurs, troubles et émotions de peuples, *frayeurs paniques*. »

une merveilleuse fidélité dans cette première notion du divin. Ici, l'imagination est presque souveraine ; la raison viendra plus tard. Nous ne pouvons assurément nourrir l'espoir de reconstituer pour l'Égypte cette grandiose épopée. Cependant, l'étude attentive du symbolisme sacerdotal permet d'entrevoir le germe de ce vaste épanouissement de mythes. Nous l'avons déjà constaté ; ce fut un sabéisme qui eut pour base l'idolâtrie solaire. Les étoiles, les planètes reçurent sans doute un culte. Nous voyons, en effet, qu'à une époque ultérieure, la Grande Ourse est appelée astre de Typhon ; Orion est l'astre d'Horus ; Sirius se nomme Sothis, l'astre d'Isis. Néanmoins, il semble impossible de refuser aux tribus primitives de l'Égypte une certaine tendance au monothéïsme. On peut dire, de ce peuple, à peu près ce que dit M. Renan de la race sémitique : « Exclusivement frappés de l'unité de gouvernement qui éclate dans le monde, les Sémites n'ont vu, dans le développement des choses, que l'accomplissement de la volonté d'un Être supérieur. » La différence qui sépare, dans l'expansion de leur génie, ces deux branches de la famille humaine, tient à la nature même de leur patrie. Les Sémites, rejetés dans le désert, conçoivent Dieu comme une solitude. Les Égyptiens avaient aussi le grand spectacle de ces vastes plaines où tout se confond dans une immense stérilité ; mais, en même temps, ils vivaient sur une terre merveilleusement féconde. Cette circonstance ne put rester sans influence sur les esprits. Il semble, en effet, que l'homme ait allié, sur les bords du Nil, au sentiment instinctif de l'unité de Dieu, cette prodigieuse activité créatrice qui est propre à la race indo-européenne. Ce fait pourrait à lui seul expliquer le caractère singulier que présente la religion de l'Égypte antique, si puérile dans sa forme populaire où l'idolâtrie absorbe la nature entière, si élevée, si rationnelle, au contraire, dans ce que les papyrus nous révèlent de la philosophie sacerdotale.

Certes, si cette conception sublime : l'unité de Dieu, eût été atteinte dès le premier jour, elle fût sans doute devenue la base immuable d'un culte contre lequel la raison humaine, quelque éclairée qu'elle soit à notre époque, ne pourrait élever d'objection. Mais ce n'est point là un début ; c'est, au contraire, un progrès suprême réalisé par le génie de l'homme après qu'il eut épuisé, pour ainsi dire, une multitude de conceptions religieuses, sources de mythes innombrables. Le prêtre, au fur et à mesure que la lumière se faisait en lui, ne put qu'adapter les légendes sacrées aux théories qui lui apparaissaient comme l'expression absolue de la vérité. Voilà pourquoi, arrivé à cette hauteur : un seul Dieu, une suprême Intelligence, il lui fut interdit de s'y dégager du cortège des erreurs au milieu desquelles cette grande clarté s'était faite en lui. Le sacerdoce ne pouvait, sans renoncer à son rôle politique et religieux, sans abdiquer et se suicider en quelque sorte, avouer que, pendant des siècles, il avait imposé au peuple une fausse doctrine ; et tandis qu'il donnait son enseignement comme le fruit d'une révélation divine, qu'il en était réduit, en réalité, au doute et à la recherche de Dieu. Le prêtre ne détruisit donc rien, et il est très-probable que ce fut de bonne foi qu'il s'efforça, au contraire, de tout concilier, de tout expliquer. La preuve de sa sincérité nous est apportée par un fait qui la rend en quelque sorte irrécusable. Ce ne fut pas pour le vulgaire que le génie sacerdotal rattacha à l'idée d'un seul Dieu les diverses légendes ; la doctrine qui résulta de ce travail était exclusivement réservée à l'initié. Nullement accessible au profane, elle constituait bien la conviction du prêtre, sa religion. Voici en quoi elle consistait.

Le monde, sa formation, les principes qui le gouvernent, l'homme, sa destinée sur la terre et après la mort, furent considérés comme un drame immense. C'est le mythe d'Isis et d'Osiris qui ouvre à la pensée ces horizons nouveaux. Le sens primitif de la légende s'élargit à l'infini. Osiris devient l'Être par excellence, celui de qui tout provient et dans le sein duquel tout retourne. Il est sorti de son repos par la puissance de son Verbe et a donné à la matière le mouvement et la vie. Set, le frère ennemi d'Osiris, symbolise alors la tendance de cette matière au chaos et à l'inertie ; le mal, la mort, l'anéantissement sont les fatales étapes de ce qu'elle domine ; le bien, la vie, l'immortalité, l'absorption en Dieu accompagnent l'obéissance au Verbe divin. Le dualisme qui empreint toute la doctrine égyptienne découle de cette conception du dédoublement de l'Être primordial. La lutte s'établit, ainsi que nous l'avons déjà vu plus haut, entre l'esprit et la matière, la vie et la mort, le jour et la nuit, comme dans la légende, entre Osiris et Set. Le triomphe éternel du Dieu bon vivifie la création universelle, et ce sont ses diverses manifestations dans la nature que le prêtre personnifie dans différents types divins. Ainsi, par la déesse Nout, il voulut représenter le chaos antérieur au dédoublement de l'Être, l'abyssus biblique sur lequel flottait l'esprit de Dieu. Phtah fut cet esprit même, Celui qui ouvre[1] les portes de la vie. Seb était la matière chaotique, avec les germes féconds qu'elle recèle. Ammon symbolisait la force secrète qui assure le renouvellement incessant des êtres. Des flancs de Nout unie à Seb, du chaos antérieur, sort le dieu Ra ou Phra : le Soleil, et avec lui commence le temps et l'humanité. Osiris, enfin, plus ancien que Ra, était le Soleil nocturne, le principe même de cette lumière dont l'astre du jour n'est que l'éclat matériel.

Il serait possible d'assimiler toutes les triades du panthéon égyptien aux phénomènes que présente l'univers ; mais il suffit de constater ce

---

1. Phtah signifie Ouvrir.

fait important : chaque divinité est comme le Dieu inaccessible, sans commencement et sans fin. Le prêtre exprimait cette idée en disant d'Ammon qu'il était « le mari de sa mère » et, par conséquent, son propre père. Thoth se formait lui-même sans avoir été engendré. Ra était enfanté non engendré. Tel fut du reste le point de départ des triades adorées dans les divers nomes de l'Égypte. Où le vulgaire et l'étranger voyaient des dieux et des déesses multipliés presque à l'infini, l'Initié n'apercevait que des manifestations d'un principe unique. Pour celui qui avait « le secret des paroles divines », les trois personnages de la trinité égyptienne se résolvaient en un seul Dieu. De prime abord, cette affirmation paraît étrange. Rien n'est cependant plus certain et plus compréhensible, si l'on consent à suivre attentivement la pensée du philosophe sacré. Par la triade, il voulut rendre l'infini tangible en quelque sorte : le passé, le père, le présent, la mère et l'avenir, le fils y forment le cercle symbolique de l'éternité. Dans la doctrine égyptienne, l'enfant n'est que le renouvellement, « le devenir » du père, et les trois éléments expriment une seule idée : l'inaltérable et incessante fécondité de la cause première. Le féminin, le maternel, est uniquement le point de jonction entre le passé et l'avenir, l'heure mystérieuse de la résurrection. C'est le « minuit » de la course diurne que le soleil était supposé accomplir autour de la terre. Dans ce grand jour qui s'appelle l'année, c'est le solstice d'hiver d'où vient le printemps, le renouveau. Dans la constitution de l'univers, c'est le moment où s'est accompli le dédoublement de l'Être. Chaque triade a son élément féminin ; mais, en réalité, il n'y a qu'une déesse sous des noms divers. Pascht, Hathor, Isis, Neith sont la même divinité, ont une signification identique : celle de cette chose fugitive et fictive que l'homme appelle le présent, au sein de laquelle s'accomplit le rajeunissement éternel de la nature.

Ainsi fut résolu le problème qui consistait à faire rentrer, dans la conception d'un Dieu unique, les mythes successivement ou simultanément donnés au peuple comme les dogmes immuables de la foi et qui, à ce titre, ne pouvaient être répudiés.

Un dernier point restait cependant inexpliqué dans ce système théogonique. Quand et comment l'Être suprême était-il devenu créateur ? Ce Premier de Premier, comme l'appelle Jamblique, ce Un de Un, *ua en ua*, comme disent les textes hiéroglyphiques, s'il n'absorbe pas en lui toutes choses, se trouve en présence d'êtres qu'il domine sans les pouvoir détruire, qui ont sa cause au dehors de lui, ce qui est contradictoire à l'idée de Dieu ; et si tout se résout dans sa personnalité infinie, le drame universel devient une puérilité. Devant ce problème, le génie sacerdotal s'arrête. Faisant preuve de profonde sagesse, il semble vouloir déclarer qu'il ignore, et il formule son impuissance même dans un suprême symbole : celui qui se rattache à la déesse Neith. On connaît la célèbre légende de cette divinité, à Saïs : « Je suis ce qui EST, ce qui SERA, ce qui A ÉTÉ; personne n'a soulevé ma tunique; le fruit que j'ai enfanté est le soleil. » Neith est donc, en même temps, la grande mère divine et la déesse-vierge. Le prêtre, dans cette haute conception, transfigure le principe féminin. Il n'était, dans les triades, que l'occasion de la résurrection du dieu; il devient l'expression même de l'infini et de l'absolu. Neith acquiert le sens suprême de « présent éternel »; car, s'il est vrai que, par rapport aux êtres créés, le présent soit une fiction, qu'en réalité, il n'y ait, pour nous, que des choses qui ont été ou qui seront, il est strictement exact de dire que, pour l'Être incréé, qui n'a ni commencement ni fin, rien n'a été ni ne sera : tout est. Neith exprime cette pensée. C'est bien le mythe de l'inaccessible, de l'inconnu dans lequel se laisse pressentir, avec une singulière énergie, la toute-puissance créatrice. C'est la mère-vierge et, pour me servir d'une comparaison qui me paraît rendre cette conception plus saisissable, c'est le verbe à l'infinitif, être, *essere*, une sorte de présent indéfini, qui contient tous les temps et tous les modes de l'existence. Dans ce haut symbolisme, Neith est quelquefois représentée allaitant deux crocodiles. Le crocodile, emblème du dieu Sebek, est le symbole des ténèbres ennemies du soleil. Le dualisme égyptien fit de Set l'adversaire d'Osiris et de Sebek (forme de Set), l'antagoniste de Ra ou Haroëris. En représentant Neith nourrissant des crocodiles, le prêtre voulait sans doute enseigner que le bien et le mal n'existent point dans l'absolu.

L'Égypte ancienne est parvenue, dans son exploration de l'idée de Dieu, à ce faîte où les plus fiers génies se sont arrêtés. Vouloir aller au delà, c'est affronter le vertige, s'exposer à tomber dans la négation par aveuglement et par impuissance. Notre siècle, plus téméraire que l'Égypte, n'a pas su comprendre qu'il y a des limites fatales aux efforts de l'homme; il a perdu le sentiment du mystère, chose tout autre que la crédulité. Nous vivons à une époque d'orgueil intense qui, moralement et mentalement, nous dévoie. La sagesse ne nous reviendra que le jour où notre esprit rentrera dans l'harmonie universelle de la créature avec le principe créateur, quand nous comprendrons que l'infini nous domine, que nous sommes au monde pour le concevoir sans l'expliquer, pour y aspirer et pour l'aimer sans l'atteindre ni le posséder jamais.

Les anciens, eux, dans leurs vues religieuses, comblaient les lacunes de leur raison avec le mystère. Ce que l'intelligence ne pouvait pénétrer devenait divin : l'on y voyait Dieu et l'on adorait.

La science a maintenant jeté un jour éclatant sur les phénomènes de la nature; elle rend compte d'une partie de cet inconnu où nos pères voyaient l'action directe de la divinité. Désabusé, trouvant des lois rationnelles où l'on faisait intervenir le merveilleux, l'homme moderne en est venu à nier le surnaturel et le divin. Telle me semble bien être l'origine des aberrations de notre temps. L'esprit, ébloui par ses conquêtes, conclut des erreurs de l'antiquité à la puérilité des anciens, et parce que ceux-ci voyaient Dieu partout, en toutes choses, sa préoccupation première c'est d'écarter Dieu.

En réalité, nous avons déplacé notre ignorance, et rien de plus. Quoi! vous expliquez ce qui était déclaré incompréhensible, divin, et vous niez le divin? Mais ne considérez que votre science acquise. Dites comment l'homme s'empare, par son intelligence, des lois de la création, les analyse, les coordonne, les voit agir, en mesure la portée. Prenez ce fait unique et rendez-en compte. Quand vous aurez déchiffré l'énigme de votre propre nature, quand vous saurez le pourquoi et le comment de votre science, vous pourrez dire : « Le merveilleux, le surnaturel, le mystère sont des rêves creux de l'imagination humaine ; toutes ces choses sont claires, et Dieu n'est pas au fond de l'inconnu : je l'ai exploré. »

Mais, alors, prenez-y garde, vous serez Dieu !

HENRI THIERS.

www.ingramcontent.com/pod-product-compliance
Lightning Source LLC
Chambersburg PA
CBHW060621050426
42451CB00012B/2374